수수께끼 숲

수수께끼 숲

초판 1쇄 발행 2019년 9월 3일
지은이 이명진
그린이 홍시야
펴낸이 권경미
펴낸곳 도서출판 책숲
출판등록 제2011-000083호
주소 서울시 용산구 후암동 8
전화 070-8702-3368
팩스 02-318-1125

ISBN 979-11-86342-26-8 73810

이 도서의 국립중앙도서관 출판시도서목록(CIP)은 서지정보유통지원시스템
홈페이지(http://seoji.nl.go.kr)와 국가자료공동목록시스템(http://www.nl.go.kr/kolisnet)에서
이용하실 수 있습니다.(CIP제어번호: CIP2019033206)

*값은 뒤표지에 있습니다.
*잘못 만든 책은 구입하신 서점에서 바꾸어 드립니다.

수수께끼로 배우는 자연생태 동화

수수께끼 숲

이명진 글 | 홍시야 그림

책숲

 작가의 말

엄지공주만큼은 아니었지만

아주 작은 아이가 있었어.

놀이에서도 늘 깍두기만 했는데,

김치 깍두기가 아니고 잡혀도 술래를 안 하는 친구 알지?

깍두기는 누구의 편도 아니어서 혼자 놀 때가 많았대.

집 마당이 넓은 것은 정말 행운이었지.

돌배나무에 꽃이 피면 뱅뱅 돌며 바람에 꽃잎이 날리기를 기다렸어.

풀각시를 앉혀 두고 까마중 열매를 냠냠거리며 소꿉놀이를 하고,

지렁이나 또르르 공벌레를 찾아 바닥 돌을 들춰 보기도 했지.

풀, 나무, 꽃, 벌레, 바람, 그리고 구름과 별과 달……

마음으로 들을 수 있는 그 속삭임이 작은 아이는 좋았대.

작은 아이도 어른이 되었지.

왜 그런진 모르겠지만 벌레랑 이야기하는 어른은

지나가는 사람들의 눈총을 받았어.

그래서 책으로 이야기를 하게 된 거야.

이 책은 순전히 토끼 한 마리 때문에 시작됐어.

솜뭉치처럼 작고 하얀 몸을 웅크리고 있어서 뭉치라는 이름을 갖게 됐지.

뭉치는 여기저기 굴을 파고, 텃밭 채소들을 죄다 뜯어먹고도

거만하게 귀를 쫑긋거렸어.

이 책에 나오는 솔이는 숲의 소리를 잘 듣는 아이야.

뭉치, 그리고 솔이랑 수수께끼 숲으로 떠날 준비가 됐니?

자세히 보고 곰곰이 생각하면 숲의 비밀이 보일 거야.

다 읽고 나면 솔이처럼 멋진 수수께끼를 낼 수도 있을걸?

기다릴게!

알쏭달쏭, 재밌고 멋진 수수께끼들!

2019년 여름 어느 날

이명진

산 아래 빨간 지붕 집에 솔이가 살고 있어요.

고소한 냄새에 솔이가 코를 킁킁거리며 부엌으로 달려갔어요.

"엄마, 오늘 무슨 날이에요?"

"할머니 생신이야."

"와!"

솔이는 엄마 치맛자락을 잡고 뱅그르르 돌았어요.

"나도 할머니께 선물 드릴래요. 할머니는 뭘 좋아하시죠?"

"따끔이 속에 매끈이, 매끈이 속에 털털이, 털털이 속에 달달이."

"그게 뭐죠?"

씰룩거리는 솔이 눈썹을 보고 엄마는 웃었어요.

"지난가을에 숲에서 주워 온 거 있잖아."

"아하! **밤!**"

뒷짐을 지고 마당을 어슬렁거리던 솔이는

바구니를 흔들며 집을 나섰어요.

개울을 건너려던 솔이는 씩 웃으며 혼잣말을 했어요.

"매일 졸졸졸 노래를 들으며 엎드려 있는 기둥 없는 다리는?"

그때 누군가 작게 대답했어요.

"징검다리!"

"누구야?"

깜짝 놀란 솔이는 주변을 둘레둘레 살펴보았어요.

쥐똥나무 덤불 속에서 하얗고 조그마한 게 움직이고 있었어요.

한 발 한 발 천천히 다가간 솔이는 눈이 동그래졌어요.

코를 찡긋찡긋, 입은 오물오물,

틀림없이 지난가을 토끼장을 물어뜯고 도망친 솔이네 토끼였어요.

징검다리!

"뭉치……?"

"안녕, 솔아."

뭉치가 반갑게 인사를 하자 솔이는 깜짝 놀랐어요.

"정말, 뭉치…… 맞아?"

"응, 솔아, 다시 만나서 반가워."

"나도 반가워. 그동안 어디 있었던 거야?"

"저어기."

뭉치가 귀를 쫑긋거리며 저 멀리 숲을 가리켰어요.

"저기 숲에서 살아? 숲에 사는 건 재밌어?"

"당연하지! 숲에서는 매일매일 재미있는 일이 벌어져."

깡충!

"이건 비밀인데…… 저기는 수수께끼 숲이야."

깡충깡충!

뭉치는 솔이 주변을 맴돌며 말했어요.

"수수께끼 숲이라고? 수수께끼라면 내가 최고지!"

솔이는 어깨를 으쓱했어요.

"그래? 그럼 내가 수수께끼를 낼 테니까 한번 맞혀 볼래?

빨간 모자를 뽐내면서 아침마다 목청을 높이는 건 뭐게?"

"수탉!"

"연기도 안 나면서 수풀 사이를 날아다니는 불은?"

"반딧불이!"

"앞뒤가 똑같은 새는?"

"앞뒤가 똑같은 새라면…… 기러기!"

"제법인데……. 그런데 바구니를 들고 어디 가는 거야?"

"할머니 생신이라 숲으로 밤 주우러 가는 길이야."

"그럼 나랑 같이 갈래? 수수께끼 숲에 커다란 밤나무가 있는데, 내가 길을 안내해 줄게."

"좋아!"

깡충깡충 앞장서는 뭉치를 따라 솔이도 재빨리 뛰어갔어요.

숲으로 가려면 금이네 할머니 채소밭을 지나야 해요.
그런데 오늘은 이상도 하지요. 가도 가도 채소밭인 거예요.
솔이는 콩잎을 뜯어 먹고 있는 뭉치를 불렀어요.
"뭉치야, 왜 계속 가도 제자리지?"
"수수께끼를 풀어야 수수께끼 숲으로 가는 길이 열리거든."
"에이, 괜히 맴맴 돌았네. 그럼 빨리 문제를 내 봐!"
뭉치는 앞발로 입을 비비며 문제를 냈어요.
"태어날 땐 하얀 옷, 자라서는 푸른 옷,
늙으면 붉은 옷을 입는 건 뭘까?"
곰곰이 생각을 하느라 솔이 눈썹이 실룩거렸어요.
"힌트 줄까? 나처럼 눈을 크게 뜨고, 귀를 쫑긋하고, 주위를 살펴봐."
금이네 할머니 채소밭에는 고추, 콩, 가지, 오이, 쑥갓, 옥수수까지
온갖 채소들이 자라고 있었어요.
"아하! 알았다. 하얀 옷, 푸른 옷, 붉은 옷을 입는 건 **고추!**"

솔이와 뭉치는 고추밭을 훌쩍 넘어갔어요.

"그런데 뭉치 너도 수수께끼 많이 알아?"

혼자만 끙끙거리는 게 골이 났는지 솔이가 뾰로통하게 물었어요.

"당연하지! 난 수수께끼 숲에 살고 있잖아."

"그러면 내 수수께끼도 한번 맞혀 봐.

어릴 때는 옷 벗기가 힘들고, 늙으면 벌거벗고 튀어나와

도망가는 게 뭘까?"

"좀 어려운데……."

"히히! 눈 크게, 귀 쫑긋, 내 힌트도 그거야."

코를 킁킁거리며 이리저리 둘러보던 뭉치가 말했어요.

"아하! **콩**이구나! 내가 좋아하는 콩!"

뭉치와 솔이는 드디어 밭 가장자리까지 왔어요.

잠시 후 씩씩한 구령 소리가 들렸어요.
"하나, 둘, 하나, 둘! 숲으로 가려면 내가 길을 열어 줘야 해.
난 긴 수염에 옷을 많이 입고 있어.
옷을 다 벗으면 노랗고 하얀 병정이 줄지어 서 있지.
내가 누굴까?"
"오이도 아니고, 가지도 아니고……. 아하! **옥수수**구나!"
"제군들! 잘했다. 그럼 이쪽으로, 하나, 둘, 하나, 둘!"
키 큰 옥수수가 열어 준 길을 지나자,
드디어 숲으로 가는 오솔길이 보였어요.

뭉치가 앞발을 들고 뒷발로 서서 말했어요.

"여기서부터는 수수께끼 숲이야. 아주 재미나고 특별한 곳이지. 저기가 바로 우리 집이야!"

뭉치가 가리킨 곳에는 작은 굴이 있었어요.

솔이는 예전에 그랬던 것처럼 뭉치를 쓰다듬으며 물었어요.

"혼자 숲에 왔을 때 무섭지는 않았어?"

"처음에는 조금……. 굴을 파다가 날이 추워져서 힘들었지. 하지만 앞으로만 가고 뒤로 갈 수 없는 것이 있잖아."

"앞으로만 가고 뒤로 갈 수 없는 것?"
"응. 형과 동생이 빙빙 돌면서 경주하는 것!"
"너무 어려운데. 힌트 없어?"
"그걸 알려고 집집마다 벽에 시계를 걸어 두었지."
"시계……? 그럼 앞으로만 가는 건 **시간**이구나!"
"맞아. 시간이 가니까 추위도 지나가더라고."

뭉치가 코를 찡긋거리며 또 물었어요.

"얼음이 녹으면 물이 되고 눈이 녹으면 뭐가 되는지 알아?"

"얼음이 녹으면 물이 되고, 눈이 녹아도 물인데……."

"그럼 수수께끼가 아니지. 다시 생각해 봐."

"아하! **봄**을 말하는구나!"

"그래. 봄이 오니까 숲이 시끌벅적해졌어.
그리고 이제는 나도 혼자가 아니야."

뭉치가 굴속에 얼굴을 들이밀었다가 나오자
솜뭉치 같은 아기 토끼들이 줄줄이 따라 나왔어요.

"와! 정말 귀엽다!"

솔이는 아기 토끼들을 하나하나 안아 주며 활짝 웃었어요.

솔이와 뭉치는 토끼 굴 옆 바위 위에 앉아 마을을 내려다보았어요.
"꽃은 아닌데 봄이 되면 들판에 피어나는 게 뭔지 알아?
멀리서는 보이는데 가까이 가면 안 보이는 거야."
"아지랑이!"
"손도 발도 없는데 나뭇잎을 흔들고,
집 안으로 들어가려고 창문을 두드리는 건?"
"바람!"
"아래로 먹고 위로 나오는 건?"
"굴뚝!"
"후후! 이만하면 수수께끼 숲을 탐험해도 되겠어.
자, 이제 정말 가 볼까?"
"좋아!"
깡충깡충 뛰는 뭉치를 따라 솔이도 겅중겅중 신나게 뛰어갔어요.

"잠깐만! 그런데 여기는 어디지? 길을 잃었나?"

솔이는 갑자기 낯선 느낌이 들어 우뚝 멈춰 섰어요.

그런데 뭉치는 앞발을 비비며 아무렇지 않은 듯 대꾸했어요.

"괜찮아. 길은 어디든 있잖아. 게다가 여기는 수수께끼 숲이야.

수수께끼만 잘 풀면 길은 저절로 열릴걸.

뭐, 할 일이 하나 더 있기는 하지만…….''

"그게 뭔데?"

"산도 있고 계곡도 있는데,

산은 평평하고 계곡에는 물이 없는 것을 그려야 해."

"산은 평평하고 계곡에는 물이 없다고?

지도? 혹시 지도 말하는 거야? 수수께끼 숲의 지도?"

뭉치는 코를 찡긋하고 빙글 돌았어요.

"맞아. 지도가 있어야 다시 길을 찾아올 수 있으니까."

뭉치가 솔이 앞에 넓적한 나무껍질을 물어왔어요.

"이 껍질에 지도를 그리라고? 이게 뭔데?"

"날마다 자장가를 듣는 나무의 껍질."

"자장가라면, 자장자장 우리 아기, 잘도 자네 자장자장…….
아하! **자작나무** 껍질이구나."

수수께끼를 맞히자 자작나무 껍질이 도르르 말려서

솔이의 주머니 속으로 쏙 들어갔어요.

"지도에는 수수께끼를 풀면서 만난 것들을 모두 그려야 해.

나무, 새, 풀, 작은 곤충까지……."

"그런데 뭐로 그리지?"

뭉치는 길쭉하고 검은 나무 조각 하나를 또 물어다 주었어요.

"이건 불 속에서 죽었다가 불에서 살려고 다시 태어난 거야."

"**숯**이구나! 좋아, 이거면 되겠어."

솔이는 숯 조각도 주머니에 잘 넣어두었어요.

"그런데 이제 어느 쪽으로 갈까?"

솔이가 물었어요.

"하긴 지도는 방향이 가장 중요하지.

북은 북인데 내가 어디 있는지 알려 주는 북은?"

뭉치가 또 수수께끼를 냈어요.

"동서남북!"

솔이가 답을 외치자 길 하나가 덤불을 젖히고 나타났어요.

"그런데 이 길은 동서남북 중 어느 쪽이지?

지도를 그리려면 그걸 알아야 하는데……."

그때 끊어질 듯 이어지는 낮고 느린 목소리가 들려왔어요.

"몸으로…… 6도 만들고…… 8도 만드는 건?

알아맞히면 내가 4를 만들어 줄게…….

4는 지도의 동서남북……. 흐흐흐!"

으스스한 목소리에 바짝 얼어붙은 솔이를 보고 뭉치가 말했어요.

"걱정 마. 도와줄 사람이 있어."

"누구?"

"절대로 먼저 말하지는 못하지만 산에 숨어서 대답하는 것."

"메아리?"

"맞아. 솔이 네 이름을 크게 한번 불러 봐."

뭉치가 시키는 대로 솔이는 큰 소리로 외쳤어요.

"솔이야!"

"소리야아아!"

소리야!

소리야!

솔이야!

메아리 소리와 함께 놀랍게도 솔이 앞에
또 다른 솔이가 나타났어요.
"넌 도대체 누구니?"
"난 소리!"
"솔이는 난데?"
"아니, 난 소리라고."
어리둥절한 솔이한테 뭉치가 앞발을 든 채 바짝 다가와 말했어요.
"소리가 널 도와줄 거야. 여기는 수수께끼 숲이잖아.
아주 특별한 곳이라고.
솔이 네가 불러 낸 거야. 네 마음속 소리를……."
"그게 무슨 말이야?"
"누구나 자기 소리를 불러 낼 수 있어.
마음속 생각 친구라고나 할까."
"마음속 소리? 생각 친구라고?"

"아까 그 수수께끼, 소리한테 한번 물어봐!"

뭉치는 재촉했지만 솔이는 믿기지가 않아 말꼬리가 늘어졌어요.

"몸으로 6도 만들고 8도 만드는 건 뭐어지이?"

그러자 소리가 대답했어요.

"몸으로 6도 만들고 8도 만드는 건 배앰……."

"맞아! 뱀이지!"

솔이가 손뼉을 짝 치며 말했어요. 소리도 손뼉을 짝 쳤지요.

그러자 뱀 머리가 덤불 속에서 쑥 올라왔어요.

뱀은 몸을 한두 번 꼬더니 4자 모양의 방위표를 만들어 주었어요.

"꼬리 쪽이 남쪽이네. 그럼 이 길은 남쪽 방향이야."

솔이는 지도에 방위표를 표시하고 덤불과 뱀을 그려 넣었어요.

그리고 조심조심 뱀을 피해 남쪽 길로 걸어갔어요.

소리는 따라쟁이예요.
솔이가 힐끗 보면, 소리도 힐끗,
그러다가 눈이 딱 마주쳤어요.
솔이가 하하 웃으니까 소리도 하하 웃었지요.
솔이와 소리는 왼발, 오른발, 왼발, 오른발,
씩씩하게 오솔길을 걸어갔어요.
그런데 앞서 가던 뭉치가 느닷없는 호통 소리에
귀를 쫑긋 세우고 걸음을 멈췄어요.

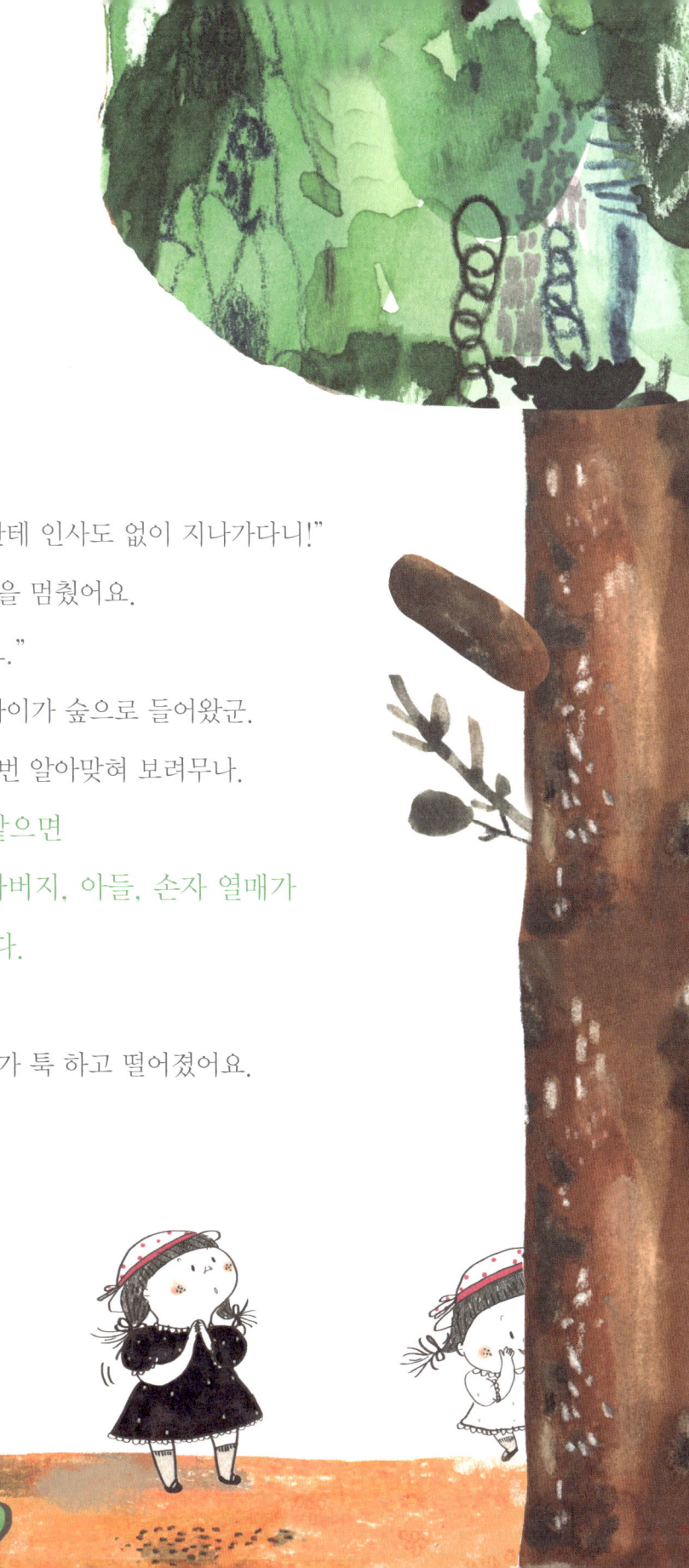

"이놈들! 숲속 어르신한테 인사도 없이 지나가다니!"
솔이도 깜짝 놀라 걸음을 멈췄어요.
"저는 길을 찾고 있어요."
"허허! 오랜만에 어린아이가 숲으로 들어왔군.
그럼 내가 누구인지 한번 알아맞혀 보려무나.
에헴, 나로 말할 것 같으면
뾰족한 바늘잎에 할아버지, 아들, 손자 열매가
한 가지에 모여 산단다.
나는 누굴까?"
이때 마른 솔방울 하나가 툭 하고 떨어졌어요.

"뾰족한 바늘잎에
할아버지, 아들, 손자 열매가
한 가지에 모여 산다고?
아하! 알겠어요. **소나무!**"
"하하! 잘 맞혔다. 이쪽으로 지나가거라."
소나무는 큰 가지 하나를 살짝 들어 길을 내주었어요.
지도에 소나무와 솔방울을 그려 넣고 있는
솔이에게 뭉치가 물었어요.
"그런데 어떻게 알았어?
소나무에 할아버지랑 아들, 손자가 같이 사는 거 말이야."

"응, 송화 가루가 날릴 때 엄마한테 들었어.
소나무 열매는 2년 동안 익는대.
그래서 할아버지 회색 솔방울, 아빠 갈색 솔방울,
아기 초록 솔방울이 모두 같이 달려 있대."
솔이가 어깨를 으쓱하며 말했어요.
"모두 같이 달려 있대."
소리도 어깨를 으쓱하며 따라 말했지요.

"구리구리 멍텅구리, 나무에서 사는 구리,
나는나는 누굴까?"
솔이는 노랫소리에 걸음을 멈추고
귀를 기울였어요.
"딱딱따다닥, 나는 나무꾼 딱! 입으로 따다닥! 도끼질을 하는 새,
나는 누굴까?"
"아하! **딱따구리**! 그런데 넌 왜 계속 나무를 쪼는 거니?"
솔이가 나무 위를 올려다보며 물었어요.
"나무를 쪼아야 수액도 먹고 벌레도 찾아 먹지.
또 집을 지어야 아기 딱따구리를 키우잖아."
솔이는 나무에 구멍을 뚫고 있는 딱따구리를 지도에 그렸어요.
입을 쩍쩍 벌리는 아기 딱따구리들이랑 작은 벌레도요.

"딱따구리가 부르던 노래, 생각나?"

뭉치가 입을 오물거리며 노래를 시작했어요.

"구리구리 멍텅구리, 나무에서 사는 구리, 나는나는 딱따구리."

솔이가 발로 박자를 맞추며 노래를 이었어요.

"구리구리 멍텅구리, 굴에서 나오는 구리, 나는나는 너구리."

뭉치와 솔이는 소리를 높였어요.

"구리구리 멍터구리, 논에서 뛰는 구리……."

솔이는 '쉿' 하고 뭉치에게 눈짓을 했어요.

그리고 소리를 쳐다봤지요.

"나는나는 개구리."

소리도 정답을 알고 있었어요. 뭉치와 솔이는 깔깔깔 웃었어요.

소리도 따라서 깔깔깔 웃었어요.

개구리

논에서 뛰는 구리는?

"수수께끼는 푸는 것도 재밌지만 내는 것도 재밌지 않아?"

솔이가 뭉치에게 물었어요.

"당연하지. 한번 해 볼까? **개구리**로 수수께끼를 만들어 봐."

"음…… 개구리로?

어려서는 물속을 헤엄쳐 다니다 커서는 땅 위를 뛰어다니는 것!"

"제법인데! 이건 어때?

어려서는 안 울지만 다 크면 맨날 우는 것."

뭉치가 말했어요.

"푸하하! 그것도 재밌다."

솔이는 배를 잡고 웃다가 생각난 듯 또 이야기했어요.

"어려서는 다리가 없고 어른이 되면……?"

그다음은 소리가 알고 있었지요.

"꼬리가 없는 것!"

"하하하, 정말 재밌다. 우리 또 뭐로 해 볼까?"

뭉치와 솔이는 수수께끼 내기에 신이 났어요.

한참을 걸어가다 보니 울퉁불퉁 검은 열매가

많이 달린 게 보였어요.

목이 말랐던 솔이는 열매를 하나 따서 입에 쏙 넣었어요.

소리도 하나 따서 입에 쏙 넣었지요.

"아, 맛있어. 새콤하고 달콤해."

"새콤하고 달콤해."

열매를 더 따려고 양손을 뻗는 순간, 나무가 쉰 목소리로 말했어요.

"얘들아, 왜 허락도 없이 내 열매를 따서 먹는 거니?"

"아, 미안해요. 목이 말라서 그만……."

"넌 누구니?"

"저는 솔이라고 해요."

"저는 소리라고 해요."

"그럼 내가 누군지도 맞혀 보렴.

부를 때마다 방귀 소리가 나. 나는 누굴까?"

"방귀 소리? 뽕…… 아하! 뽕나무군요!"

"잘 맞혔다. 더 따서 먹으렴. 토끼 너도……."

뽕나무는 가지를 흔들어 열매를 떨어뜨려 주었어요.

"이 열매는 뭐라고 부르죠?"

"이 열매의 이름은 4 다음 C 다음."

"네에? 뭐라고요?"

"1, 2, 3, 4 다음, A, B, C 다음이라고."

"4 다음은 5. C 다음은 D. 오디?"

"그렇지, 오디!"

"저, 바구니에 오디를 좀 담아 가도 될까요? 오늘이 할머니 생신이거든요."

"그러렴."

"그런데 뽕나무 할머니는 왜 이렇게 지치셨어요?"

"내 이파리를 벌레들이 마구 갉아먹기 때문이야.
먹고 또 먹고, 비단 짜는 옷을 친친 두르는 게 있는데
특히 고놈들이 날 정말 좋아하지."

"비단 짜는 옷을 두른다고요?"

생각이 날 듯 말 듯, 솔이가 눈썹을 실룩대자 소리가 나섰어요.

"**누에!**"

뽕나무 할머니는 호호 웃으며 나뭇가지를
한 번 더 흔들어 주었어요.

"사람들이 누에를 키우려고 새 잎이 나오기 무섭게
뽕잎 가지를 마구 잘라 간단다."

"마을로 돌아가면 조심해서 뽕잎을 따라고 전해 줄게요.
고마워요, 뽕나무 할머니."

솔이는 뽕나무랑 뽕잎을 갉아먹고 쑥쑥 크는 누에를
지도에 그려 넣었어요.

갑자기 투둑투둑 비가 내렸어요.

큰 나무 밑으로 뛰어가 비를 피하는데

어디선가 작은 소리가 들렸어요.

"여기야, 여기! 아래쪽!"

솔이는 몸을 웅크리고 밑을 살펴보았어요.

소리도 따라서 몸을 웅크렸지요.

땅이 실룩실룩하는 것 같았어요.

나는 땅속에 숨어 있다가

비만 오면 고개를 내밀지. 난 누굴까?

"비가 오면 나온다고? 아하! 지렁이구나!"

"맞았어! 나는 흙 속에서 하루 종일 먹고 싸고, 먹고 싸고 하지."

"하루 종일 먹고 싼다고?"

솔이가 얼굴을 찡그리자 지렁이가 화가 나서 말했어요.

"지렁이 똥이 얼마나 중요한 줄 알아?

내가 부지런히 먹고 싸야 흙이 건강해진다고."

"그렇구나. 미안해. 앞으로는 비 오는 날

지렁이를 보면 밟지 않도록 조심히 피해 다닐게."

솔이가 사과를 하자 지렁이도 기분이 좋아졌어요.

"똥 얘기가 나왔으니 한번 맞혀 볼래? 내가 똥 전문가라서 말이야.

똥은 똥인데 갑자기 튀는 똥이 뭐게?"

"**불똥!**"

솔이는 어깨를 으쓱하며 대답했어요.

"똥의 성이 뭔지도 알아?"

"똥의 성은 **응가!**"

대답을 하며 솔이는 엉덩이를 씰룩거렸어요.

소리도 따라서 엉덩이를 씰룩거렸지요.

"밤에 잠이 안 올 때 싸는 똥이 있는데
그게 뭔지도 알아?"

"그건 **말똥말똥**!"

솔이는 말똥말똥 눈을 크게 뜨고 말했어요.

"말똥말똥!"

소리도 눈을 말똥말똥 크게 뜨고 말했어요.

솔이는 지도에 땅속 지렁이와 동글동글한 똥을 많이 그렸어요.
그리고 똥 옆에 '좋은 흙'이라고 써 넣었지요.
비가 그치자, 지렁이가 말했어요.
"난 다시 땅속으로 들어가야 해. 몸이 마르면 안 되거든.
게다가 아까부터 나를 잡아먹으려고 땅을
헤집고 다니는 녀석이 있어."
"그게 누군데?"
"나도 땅을 잘 파지만 그놈한테는 당할 수가 없지.
좋아! 이것도 수수께끼로 내 주지!"
"눈은 잘 안 보이지만 굴 파는 데는 숲속 최고야. 누굴까?"
"눈이 안 보이는데 굴을 판다고?"
"빨리빨리! 저기 흙이 들썩이고 있잖아.
잡히면 삽 같은 발톱에 날 끼우고는 쪽쪽 빨아먹는다고!
아직도 모르겠어?"

지렁이가 재촉을 하는 바람에 솔이 마음도 급해졌어요.

"뭐지? 너구리? 오소리?"

"그것도 모르다니. 흥!"

지렁이는 땅속으로 쏙 들어가 버렸어요.

"앗, 가지 마!"

솔이는 곧바로 쫓아갈 것처럼 지렁이가 사라진

구멍을 들여다보았어요.

그러자 갑자기 솔이의 몸이 멧밭쥐만큼 작아져서
땅속 작은 구멍으로 쑥 빠져 버렸어요.
"으아악! 살려 줘!"
잠시 후 정신을 차린 솔이는 주위를 두리번거렸어요.
"여긴 어디지? 굴속 같은데……."
솔이는 엉금엉금 기어서 다른 굴로 갔어요.
이 굴에서 저 굴로…… 굴과 굴은 미로처럼 이어져 있었어요.
한참을 헤매는데 저만치에서 뭔가 '스윽' 하며 지나갔어요.
"뭐지?"
생각할 틈도 없이 갑자기 거무스름하고 뾰쪽한 입을 가진 동물이
얼굴을 쑥 내밀었어요.

"으악!"

솔이가 비명을 질렀어요.

"좀 조용히 해! 잘 보이지는 않지만 난 소리에 예민하거든!"

"미안해. 이제 알겠어. 최고의 땅파기 선수가 누군지…….

두더지구나."

"맞았어. 땅 파는 데는 내가 숲속 최고지!"

두더지는 으쓱거렸어요.

"그런데 미안하지만 내가 땅 위로 나갈 수 있게 도와주겠니?

한참을 헤매고 있었어."

"이 멋진 굴을 만든 게 나야. 따라와!"

두더지는 정말 빨랐어요.

솔이는 있는 힘을 다해 뒤쫓아갔어요.

"이제 여기로 올라가면 돼."

"고마워. 꼭 기억할게. 네가 얼마나 멋진 굴을 만드는지……."

안녕!

땅 위로 올라오자 신기하게도 솔이의 몸이 다시 쑤욱 커졌어요.

뭉치가 얼른 뛰어왔어요.

"괜찮아?"

솔이가 옷을 털며 씩 웃었어요.

"응, 괜찮아. 두더지는 정말 최고의 땅속 건축가야."

"와! 솔이 너, 많이 용감해졌는데!"

"땅속에도 길이 있던걸……."

솔이는 미로같이 멋진 땅속 굴들을 지도에 그렸어요.

두더지 발톱도 자세히 그렸지요.

"이제 가자."

"그래!"

뭉치를 따라가던 솔이는 갑자기 생각난 듯 소리쳤어요.

"앗! 내 바구니!"

뭉치가 풀숲에 떨어진 바구니를 찾아와 솔이에게 주었어요.

"여기!"

솔이는 바구니를 챙겨 다시 걷기 시작했어요.

하늘에서 아름다운 노랫소리가 들렸어요.

"날아다니는 아름다운 꼬리는?"

"꾀꼬리!"

대답을 하자마자 솔이와 뭉치는 언덕 위로 둥실 떠올랐다가 살포시 내려앉았어요.

"날지 못하고 기어 다니는 제비는?"

"족제비!"

그러자 수풀을 헤치고 나온 족제비가 멋진 털을 자랑하며 천천히 솔이와 뭉치 앞을 지나갔어요.

그런데 도도하게 걷던 족제비가 뒤돌아보며 물었어요.

"그럼 땅을 짚고 도는 제비도 알아?"

"공중제비!"

솔이는 하늘을 나는 꾀꼬리와 멋진 털을 자랑하는 족제비를 지도에 그려 넣었어요.

족제비는 아쉬운지 가다 말고 쪼르르 달려와 또 물었어요.

"혹시 맛있는 제비도 알려나?"

"맛있는 제비는 **수제비**! 우리 엄마도 잘 만드는데……."

솔이는 엄마 생각이 났어요.

숙제를 안 하고 나온 것도 생각났지요.

솔이 마음을 알았는지 뭉치가 솔이의 발을 살짝살짝 건드렸어요.

"솔이 너 책 보는 거 좋아해?

늘 즐겁게 웃으며 읽는 글이 뭐게?"

"가끔 지루한 책도 있는데, 늘 웃으며 읽으면 좋겠다. 뭘까?"

솔이는 옆에 있는 소리를 쳐다보며 물었어요.

"싱글벙글!"

소리의 답을 듣고는 솔이의 입꼬리가 살짝 올라갔어요.

뭉치가 또 물었어요.

"그럼 입방아를 찧어야 만들 수 있는 떡은 뭘까?"

"쑥떡이지!"

솔이가 크게 말하자 소리도 따라서 말했어요.

"쑥떡이지!"

그리고 다시 한번 같이 외쳤지요.

"쑥떡쑥떡!"

"이번엔 뭉치 네가 알아맞혀 봐.
겁쟁이들이 가지고 다니는 돌 열 개가 있어. 뭐게?"
"**오돌오돌**! 이래 봬도 난 수수께끼 숲에 사는 토끼라고."
뭉치는 뽐내듯 폴짝폴짝 뛰었어요.

굽은 길을 돌자 작은 나무들이 많았어요.

"나는 따가운 불, 뜨겁지는 않지만 조심해야 해. 내가 누굴까?"

솔이는 걸음을 멈추고 가만히 생각해 보았어요.

"따가운 불이라면…… 가시덤불?"

찔레나무 가시덤불은 솔이가 지나갈 수 있게 길을 열어 주었어요.

"그런데 넌 왜 이렇게 가시가 많은 거니?"

"날 지키려고."

"가시로 너를 지킨다고?"

"꽃을 피우고 열매를 맺을 때까지 동물들한테 너무 많이 먹히면 안 되니까."

솔이는 지도를 꺼내 가시덤불을 그려 넣고,

'이러나저러나 불조심!'이라고 썼어요.

어디선가 왁자지껄 떠드는 소리가 들렸어요.
"아침, 점심, 저녁, 얼굴이 다른 꽃, 난 누굴까?"
너무 시끄러워서 하마터면 못 알아들을 뻔했지요.
"**나팔꽃**이구나! 넌 왜 그렇게 조잘조잘 떠드니?"
"내가 좀 수다스럽긴 하지만 이해해 줘.
조금 있으면 꽃잎을 닫아야 하는데
하고 싶은 말이 아직 많이 남았거든."
나팔꽃은 숨도 안 쉬고 떠들어 댔어요.
"그나저나 수수께끼를 정말 잘 푸는 거 같은데,
아침저녁으로 바뀌는 거, 하나 더 맞혀 볼래?"
솔이는 말 대신 고개를 끄덕였어요.

"낮이 되면 키가 작아졌다가 저녁에는 다시 커지는 게 뭘까?

네가 맞히든 못 맞히든 나야 뭐 상관 없지만

뭐든 말하지 않으면 꽃잎이 오므라들 것 같아서

나는 계속 말을 하고 싶은데……."

"아휴! 시끄러워! 정신이 하나도 없네."

솔이는 귀를 막으며 소리에게 도움을 청했지요.

"그림자!"

소리가 얼른 말해 주었어요.

솔이는 잠깐 사이 얼굴을 반쯤 가린 나팔꽃을 지도에 그렸어요.

나팔꽃 덩굴이 만든 그림자도 같이 그려 넣었지요.

"스을금, 스을금!

잘 때도 걸을 때도 등에 집을 지고 다니는 건 누굴까?"

수풀 사이에서 들려오는 목소리에 솔이는 멈춰 섰어요.

"집을 지고 다니는 건, **달팽이**지!"

"안녕!"

발아래서 달팽이가 건네는 인사에

솔이는 다리도 쉬어 갈 겸 수풀 옆에 앉았어요.

"달팽이 넌 집을 지고 다니는 게 안 힘들어?"

"산봉우리를 등에 지고 다니는 것도 있는데, 이쯤이야 뭐……."

"산봉우리를 등에 지고 다니는 거?

아하! **낙타** 말하는 거구나."

솔이는 매끄러운 풀잎 위에서 미끄러지듯 움직이는 달팽이를 지도에 그렸어요.

그리고 달팽이의 생각 주머니에 낙타도 함께 그려 넣었지요.

"뭉치야, 더 힘든 것을 생각하면 어려울 때 힘이 나는 거 같아. 달팽이처럼 말이야."

뭉치는 대답 대신 고개를 끄덕이며 코를 찡긋했어요.

언덕길을 내려가자 바람을 타고 여럿이 합창하는
소리가 들려왔어요.
"안녕, 안녕, 안녕! 우리는 숲속의 여섯 형제야!
크고 작고, 길쭉하고 넓적하고,
잎 모양은 다르지만 우리는 형제야!"
"전혀 안 닮았는데 어떻게 형제가 되었죠?"
"열매가 닮았어. 얼굴이 매끄럽고 엉덩이에 모자를 쓰고 있거든."
"얼굴이 매끄럽고 엉덩이에 모자를 쓴 것? 그건 도토리 같은데?
도토리 맞죠?"
"오호! 맞았어. 그럼 우리가 누군지도 알겠네."
"그건 좀…… 알듯 말듯……. 소리야, 뭐지?"
"**참나무**야."
"아하! 그렇지! 도토리나무, 참나무!"

"참나무 아저씨, 저도 수수께끼를 내고 싶은데 맞혀 볼래요?"

"좋아! 우리는 여섯이나 되니까…… 하하하!"

솔이는 숨을 크게 한 번 쉬고 참나무 형제들에게 문제를 냈어요.

"쭉쭉 늘어나는 볼주머니에 도시락을 싸 갔다가,
땅속에 숨겨 놓지만 어디에 두었는지 찾지 못해서
숲을 울창하게 만드는 건 뭘까요?"

굴참나무가 말했어요.

"어디서 많이 본 것 같지 않아? 볼주머니가 쭉쭉 늘어나는 거?"

"그래, 여기저기 힐끗거리며 뭔가를 숨기는 걸 본 것 같아."

갈참나무도 거들었어요.

"뭘 그렇게 오래 생각해? 도토리를 부지런히
물어 가는 녀석 있잖아. **다람쥐!**"

막내인 졸참나무가 소리쳤어요.

"맞았어요!"

솔이가 손뼉을 치자, 소리도 손뼉을 쳤어요.

"그런데 말이야……."

뭉치가 고개를 갸웃거리며 솔이에게 물었어요.

"다람쥐가 숲을 울창하게 만든다는 게 무슨 말이야?"

"그건 내가 알려 주지."

참나무 형제 중에 가장 큰 형인 떡갈나무가 말했어요.

"다람쥐는 부지런히 여기저기 도토리를 묻어 놓는데,

다 찾지를 못해. 그 덕분에 봄이 되면

땅에 묻힌 도토리에서 새싹이 나오고,

그게 자라 참나무 숲이 점점 더 울창해지는 거란다."

솔이는 지도에 큼지막하게 참나무 숲을 그려 넣었어요.

물론 나무 아래 볼이 터져라 도토리를 물고 있는 다람쥐도

빼놓지 않았지요.

그때 발밑에서 키득거리는 소리가 들렸어요.

"크큭…… 기둥 하나에 지붕 하나! 나는 누굴까?"

"뭐라고? 못 들었어. 다시 한번 말해 줄래?"

"흥! 난 한 번 말한 건 또 말 안 해."

"그럼 나도 안 물어볼게."

솔이가 뾰로통하게 대꾸했어요.

"에이참……. 이번엔 잘 들어!

기둥 하나에 지붕 하나! 이제 알겠어?"

"기둥 하나에 지붕 하나인 건…… 우산……?"

"우산은 폈다가 접을 수 있지만, 난 한번 펼치면 다시 접을 수 없어."

"아하!
버섯이구나!"

"맞았어. 내가 얼마나 대단한지 알아? 난 곰팡이 친구야."
버섯은 의기양양하게 갓을 활짝 펼쳤어요.
"곰팡이 친구인 게 자랑이야?"
솔이의 말에 버섯은 기분이 나빴어요.
"그럼! 곰팡이 없는 세상이 어떤지 볼래?"
예쁜 색깔을 뽐내며 서 있던 버섯 가루가
날아오자, 솔이는 재채기 한 번에 그만 잠이
들어 버렸어요.
솔이는 꿈에서 곰팡이가 사라진 지구를 보았어요.
죽은 동물들이 그대로 길가에 누워 있고,
낙엽이 쌓이고 쌓여서 산이 되었어요.
무엇보다 엄청난 속도로 쓰레기가 쌓이고 있었어요.

"살려 줘!"
솔이는 쓰레기더미 속에서
손을 휘저었어요.
그때 어디선가 곰팡이들이
나타났어요.

푸른곰팡이가 왕처럼 뻐기며 말했어요.

"내가 죽을 뻔한 사람을 얼마나 많이 살려 냈는지 알아?"

이번에는 누룩곰팡이가 앞으로 나섰지요.

"간장, 된장, 고추장, 그거 다 내 덕에 맛을 내는 거라고."

솔이도 한마디 안 할 수 없었어요.

"축축하고 어두운 데 사는 게 곰팡이 아니야?

그래서 음식을 상하게 하거나 병이 생기게도 하잖아."

"그건 그렇지."

검은곰팡이와 털곰팡이가 기가 죽어 말했어요.

"그래도 우리가 없으면 숲속은 쓰레기로 넘쳐날 거야.

나무든 동물이든 죽으면 우리가 나서야 해.

필요한 영양분은 나누고, 남은 것은 흙으로 되돌리는 게

바로 우리 곰팡이들이거든. 버섯도 우리 친구지."

잠에서 깬 솔이는 몸을 굽혀 발밑의 버섯에게
정중하게 인사를 했어요.
그리고 버섯과 꿈에서 만난 곰팡이들을 지도에 그려 넣었지요.
'지구를 지키는 고마운 곰팡이'라고 쓰고
별표를 세 개나 붙여 주었어요.
"시원한 물 좀 마시면 좋겠어."
솔이의 말에 뭉치가 코를 찡긋했어요.
"땅속에 하늘이 들어 있는 것은 뭘까?
토끼가 아침마다 세수하러 가는 곳!"
"옹달샘!"
솔이와 뭉치는 곧 작은 샘 앞에 다다랐어요.
물도 실컷 마시고 세수도 했지요.
솔이는 지도에 맑은 샘을 그리고
물을 마시는 아이와 토끼를 그렸어요.
그리고 '마음속 소리, 생각 친구'라고 썼지요.

걸음을 서두르는데, 솔이 얼굴에 뭔가 걸렸어요.
"뭐지? 아무것도 없는데……."
솔이는 얼굴이 간지러워서 이리저리 손을 내저었어요.

그 순간, 솔이의 몸이 스르륵 작아지더니
대롱대롱 긴 거미줄에 매달리고 말았어요.
"흐흐흐! 나는 하늘 어부.
매일 허공에 그물을 친단다. 누굴까?"

"거미구나!"
솔이의 말에 커다란 거미가 줄을 타고 내려왔어요.

솔이가 거미줄을 붙잡고 간신히 몸을 세우자
몸이 다시 커지면서 발이 땅에 닿았어요.
"궁금한 게 있어."
"뭔데?"
"넌 어떻게 끈적끈적한 줄 위를 걸어 다니는 거야?
파리 같은 게 걸리면 옴짝달싹 못하잖아."
"내 집에는 비밀이 있거든. 잘 봐. 여기 가로줄과 세로줄이 있지?
나는 세로줄로만 다니는데, 여기는 끈적이지 않아."
"아, 그렇구나."
솔이는 거미와 거미줄을 자세히 그렸어요.
가로줄에는 꽁꽁 묶여 잡혀 있는 파리를 그리고,
세로줄에는 '거미가 다니는 길'이라고 썼지요.

조금 더 가자 이번에는 동굴이 나왔어요.

"뭉치야, 여기로 들어가야 해?"

망설이는 솔이에게 뭉치는 귀를 까닥했어요.

아무래도 동굴은 조금 무서웠지요.

솔이가 가만히 손을 내밀자, 소리도 손을 내밀었어요.

둘은 손을 잡고 천천히 걸어갔어요.

처음에는 아무것도 안 보이더니 얼마 지나자 조금씩 보였어요.

그때 이상한 소리가 들려왔어요.

"너무 무서워하지 마. 동굴은 살기 좋은 곳이야.

여름에는 시원하고 겨울에는 따뜻하지."

"넌 누구니?"

솔이가 용기를 내서 물었어요.

"날개 망토를 접고 거꾸로 매달려 잠자는 쥐!

쥐는 쥐인데 고양이를 무서워하지는 않지."

"박쥐?"

"으악!"

솔이와 소리가 소리를 질러 대자

박쥐들이 후드득 날아올랐어요.

박쥐 한 마리가 날개를 접고 머리 위 천장에 매달렸어요.

박쥐랑 눈이 마주친 솔이는 "저리 가!" 하며 손을 내저었지요.

"넌 내가 싫구나! 30년째 나만 연구하는 박사님도 있는데…….

내가 가진 기술을 알아내려고 말이야."

"기술이라고? 너한테 무슨 기술이 있어?"

"우리는 멀리 떨어진 곳에 뭐가 있는지 금방 알아낼 수 있어.

사람들은 들을 수 없는 소리를 이용해서 말이지."

이야기를 듣다 보니 솔이는 호기심이 생겼어요.

그래서 박쥐를 자세히 살펴보았지요.

그리고 보니 비행 솜씨도 보통이 아니었어요.

빠르게 날아오르다가, 순식간에 멈추고,

회전하는 속도도 눈이 휘둥그레질 정도로 빨랐어요.

게다가 거꾸로 날기까지…….

솔이가 박쥐에게 말했어요.

"정말 대단한데! 박쥐 네가 이렇게 재주꾼인지 몰랐어. 친구들한테도 많이 알려 줘야겠어."

솔이는 지도에 동굴과 멋지게 비행하는 박쥐들을 그렸어요.

동굴을 나오자 내리막길이 나타났어요.

"저기 밤나무가 보인다!"

쏜살같이 뛰는 뭉치를 놓칠세라,

솔이도 바구니를 양팔로 안고 뛰어 내려갔어요.

밤나무에는 잘 익은 밤들이 잔뜩 열려 있었어요.

"밤나무님, 할머니 생신이라 밤을 주우러 왔는데,

좀 나누어 주실래요?"

"물론이지. 그전에 내 밤송이들로 재밌는 수수께끼를

만들어 줄 수 있겠니?"

솔이는 잠시 생각하더니 말했어요.

"뾰족뾰족 요람 속에 사이좋게 누워 있는 매끈한 쌍둥이들은?"

"하하하! 상상만 해도 귀엽구나!"

밤나무는 가지를 내리고 크게 한 번 흔들어 주었어요.

솔이는 두 발로 밤송이 가시를 까서 밤을 꺼냈어요.

바구니는 금세 가득 찼어요.

솔이는 지도를 꺼내 내리막길 한편에 서 있는 밤나무를 그렸어요.

가시 옷을 벗으려고 하는 밤송이도 많이 그렸지요.

내리막길을 다 내려가자 마을 뒤편이 보였어요.

"이제 이 길로 쭉 가면 돼."

"여기까지 같이 와 줘서 고마워. 뭉치야, 나랑 같이 집에 갈래?"

"아니, 이제 숲이 내 집이야."

"나중에 만날 수 있을까?"

"어쩌면……. 숲에서 바람이 불 때 잘 들어 봐.
나처럼 귀를 쫑긋, 눈을 크게 뜨고.
그러면 내가 전하는 인사를 들을 수 있을 거야."

뭉치가 먼저 인사를 했어요.

"그럼…… 잘 가, 솔아."

"안녕! 잘 가, 뭉치야."

계속 따라다니던 소리도 어느새 사라지고 없었어요.
하지만 솔이는 소리가 늘 함께 있을 거란 느낌이 들었어요.
"소리도 안녕! 다음에 또 만나자."
솔이는 조용히 입속말로 인사했어요.
"안녕……!"
어디선가 소리의 목소리가 들려오는 것 같았어요.

"엄마!"

집에 돌아온 솔이는 엄마한테 와락 안겼어요.

엄마가 머리를 쓰다듬고 옷을 털어 주며 물었어요.

"저녁때가 다 됐는데 어디서 놀다 이제 오니?"

"숲에 갔어요. 수수께끼 숲."

"숲에 갔다고? 혼자?"

"아니, 친구들이 있었어요. 이것 봐요! 숲의 지도예요."

솔이는 자작나무 껍질에 그린 지도를 펼쳤어요.

"멋진데! 소나무, 뽕나무, 딱따구리, 지렁이, 거미, 박쥐, 두더지 굴도 그렸구나. 여기 샘물가에 친구가 있네. 토끼도 봤어?"

"응, 뭉치를 만났어요."

"정말? 이게 뭉치야?"

"응. 그리고 여기, 할머니 선물!"

솔이는 의기양양하게 밤이 담긴 바구니를 내밀었어요.

"어머나! 이렇게 싹이 난 밤을 어디서 구했을까?"

"수수께끼 숲에서 내가 수수께끼를 풀고 얻었어요."

"그래? 대단한걸!
그럼 엄마가 수수께끼 하나 내 볼까?
늘 푸른 나무 이름을 가져서
숲의 소리를 잘 듣는 아이는?"
솔이는 씩 웃으며 대답했어요.
"그건 바로 나! 솔이!"